Carlos Colón

Carlos Colón nació en Sevilla, en la calle Regina, en 1952. Desde entonces hasta ahora, ha repartido su vida y ocupado su tiempo entre diversas aficiones y vocaciones. Y una pasión. Entre las primeras, la literatura y la música. Entre las segundas, la escritura (es colaborador de El País), la investigación sobre la historia del cine y de otras artes de la imagen (es doctor en Geografía e Historia y autor de varios libros sobre esta evanescente materia), y la docencia (es profesor de la Facultad de Ciencias de la Información de la Universidad de Sevilla). La pasión es Sevilla.

Pablo Juliá

Pablo Juliá, gaditano de 41 años, licenciado en Historia Moderna y Contemporánea, periodista. Jurado de Fotopress en tres ocasiones. Premio Cultura de Fotopress. Fotógrafo de El País desde 1981. Actualmente, desarrolla su trabajo en la delegación del periódico en Sevilla, compaginándolo con reportajes en el extranjero. Con varias publicaciones (transición política, temas de actualidad y urbanismo, etcétera) y exposiciones, la última de las cuales, en 1989, la realizó con Atín Aya y Juantxu Rodríguez, periodista asesinado durante la invasión norteamericana de Panamá.

Este libro de Imagen de Sevilla se publica según proyecto del departamento de Viajes y Turismo de EL PAÍS/AGUILAR, que dirige María Ángeles Sánchez. José Talavera y Juan Vega se encargaron de la edición general. La realización estuvo a cargo del departamento de autoedición, coordinado por Víctor José Benayas. El diseño de la colección es obra de Eugenio González. La maquetación fue realizada por José Freire.

IMAGEN DE

SEVILLA

La gloria pesa. Sevilla cruje bajo ella, hasta el límite de la asfixia, con sonidos de viejas maderas carcomidas, de arenillas que caen de muros varias veces centenarios; con vibraciones de estructuras viciadas, a punto de desplomarse. Definitivamente.

La gloria habla. Lo hace a través de súbitas ausencias diurnas, que sorprenden en plena calle ante un matiz de luz o un equilibrio de formas; y de sueños. Su voz enloquece a los sevillanos, los enferma de nostalgia por una ciudad perdida en el tiempo y no en la distancia; los malcría en el orgullo de quien todo lo ha tenido y en el complejo de inferioridad del desposeído; los empuja a cumplir un destino suicida no de ser, sino de haber sido.

*Calles hundidas,
excavadas desde la altura
de las azoteas,
que se abren como zanjas entre el caserío.*

Lª gloria mata. La ciudad que la ha perdido ya no se alza frente al futuro contemplándolo como una tierra por conquistar, porque para ella es una nada de la que nacen días que no dejan memoria. Todo está ya escrito, todo dicho, todo hecho.

El recuerdo de la gloria se enrosca, sí, sobre Sevilla como una serpiente, porque alcanzó la cima reservada a las ciudades que han escrito no ya su propia historia, ni la de su nación, sino la de un continente entero que se desbordaba sobre otro: la gloria del mundo nuevo. Fue entonces –siglos XVI y XVII– cuando Sevilla, por ser Reina del Océano y Puerta de las Indias, se convirtió en la urbe cosmopolita y extraordinaria, tan rica como desordenada, llamada la Segunda Babilonia y la Nueva Roma, la Babel de Occidente y la Jerusalén Refundada. Y todo lo perdió. O casi todo, porque no es posible tener tanto y no conservar nada.

Si existiera una lápida que señalara el ocaso de Sevilla, el momento en el que se convirtió en Ciudad Caída, sobre ella estarían escritas dos fechas: 1649 y 1717. En el mes de marzo del primero de estos años atracó en el puerto de Sevilla una embarcación, procedente de las costas levantinas, que portaba la siniestra carga de la peste. Aunque aislaron rápidamente a las primeras víctimas, pronto se propagó la epidemia por toda la ciudad. La muerte no tuvo ataduras: fue la mayor tragedia que Sevilla ha conocido en toda su historia.

Días hubo en los que murieron más de mil quinientas personas: los

La Torre de Babel arquitectónica: tejados barrocos de la Casa de la Moneda, miradores regionalistas del Coliseo, la catedral y la Giralda.

Las dos orillas:
Sevilla, a la izquierda;
a la derecha, Triana.

cadáveres no podían enterrarse y se amontonaban en los cruces de calles y plazas hasta que eran conducidos a los *carneros,* espeluznante nombre de las fosas comunes que se abrían junto a las murallas. Toda esperanza se perdió, toda locura andaba suelta por las calles. "Vi la Cárcel Real –escribió el analista Andrés de Vega– sola y desierta, sin un preso, y las gentes todas temblando, casi sin entero juicio".

Del corazón barroco de la ciudad –mediaba justo su siglo de mayor esplendor– nació un fantasma medieval que bailaba al son de las viejas Danzas de la Muerte, en anticipación de los cuadros que Valdés Leal pintaría pocos años después para la iglesia de La Caridad: en un abrir y cerrar de ojos murieron las glorias del mundo. Manzanas enteras de casas quedaron vacías, palacios y conventos deshabitados, la hierba creció en muchas calles. La población se redujo, en sólo cinco meses, a la mitad: de ciento treinta mil habitantes pasó a tener sesenta y cinco mil. Más de dos siglos tuvieron que transcurrir para la recuperación demográfica. Pero sólo medio para que Sevilla recibiera otro golpe definitivo.

En 1717, culminándose un largo proceso iniciado poco antes del año de la peste, la ciudad perdió el monopolio del comercio con América a través de la Casa de Contratación de Indias, privilegio que pasó a Cádiz. Mucho se había pleiteado con la ciudad luminosa y blanca, pero todo fue en vano; hasta unos desesperados recursos que lograron que en 1725 un Real Decreto restituyera el privile-

10

Valdés Leal en el museo de Bellas Artes, clave necesaria para entender el dramático desgarro de Sevilla. Los cuerpos son fugitivos y desaparecen. Sólo los cuadros perduran.

*La Sevilla terrible de
Valdés Leal: la raíz barroca hoy viva.*

gio: nunca se hizo efectivo. Derrotó el mar al río. Sevilla quedó, primero, indignada; después, estupefacta; luego, postrada y por fin, completamente arruinada. Ya no centro, ya no motor, pasó del comercio a la agricultura, de la cosmopolita burguesía emprendedora a la inamovible aristocracia terrateniente, de metrópolis frontera entre dos mundos a provincia cerrada sobre sí misma. Nunca más volvería a brillar con la luz deslumbrante de estos dos siglos.

Ortos seguidos de ocasos, grandezas perdidas por el fuego y reencontradas por la sangre, desfallecimientos y nuevos esplendores eran ya, cómo no, conocidos por Sevilla. Pero hasta ese momento fatídico, hasta ese arco de muerte tensado entre 1649 y 1717, cada vez que había caído se pudo alzar después, hasta más alta. Espléndida fue la Sevilla romana, y cayó sin dejar tras ella más rastro que la lejana Itálica, algunas columnas y un mundo enterrado de calzadas y cimientos que aflora cada vez que se abre la piel de la ciudad. Tras esa aniquilación, tras los años bárbaros, llegó el apogeo visigótico e isidoriano, con la ciudad soberbia centro de saberes entonces universales. Y también cayó sin dejar, fuera de los libros, señales de su paso. Otra vez un esplendor nuevo surgió tras la ruina de un mundo, en este caso el incomparable de la Sevilla islámica que duró más de quinientos años, dándole momentos de robusta fiereza y de exquisito refinamiento, definiendo un trazado urbano aún en gran parte conservado, dejando apostada ya, para siempre, la pre-

El barrio de los Remedios
desde el nuevo teatro de la Maestranza.
El barrio del Arenal
con la Maestranza de Artillería en
primer término.

*La Torre del Oro sobre
el espejo manso del Guadalquivir.*

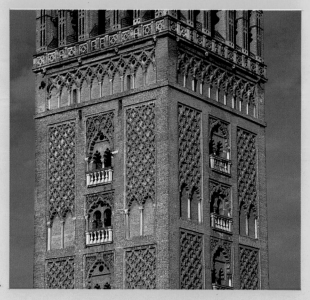

sencia vertical que se ha convertido en símbolo de la ciudad entera y de su devenir: la Giralda, que fue minarete y luego campanario, romana en las piedras de su base, almohade en su cuerpo, renacentista en su remate; síntesis, por lo tanto, de tres esplendores sevillanos. Y también fue barrida esta cultura que, proveniente de arenales estériles, se resolvió en la delicadeza arábigo-andaluza, aún hoy añorada.

Vinieron tras ella los años de hierro de los conquistadores, conociendo la ciudad sucesivos renaceres –los fernandinos, los alfonsinos, los de la Casa de Trastámara– que fueron dando lentamente sus frutos: las grandes fundaciones fernandinas vivas en la memoria de la parroquia de Santa Ana o del convento de San Clemente; la sonrisa gótica de la Virgen de los Reyes, imagen francesa del siglo XIII erigida en Patrona de Sevilla; los triples saberes –judío, árabe y cristiano–, que se desarrollaron bajo la tolerancia de Alfonso X el Sabio y que en lo arquitectónico se ejemplificaron en el alcázar mudéjar de Pedro I, para España El Cruel, y El Justiciero para Sevilla, construido en el corazón de los antiguos alcázares árabes y ampliado por monarcas sucesivos –fundamentalmente la pareja Católica, Carlos I; los Felipe II, III, IV y V; Fernando VII e Isabel II– hasta casi hacer desaparecer las edificaciones islámicas. En estos años gótico-mudéjares se alzaron gran cantidad de templos, aún erguidos entre el caserío de la ciudad como rocas a las que el tiempo ha ido cubriendo y llenando –en forma de

14

El cuerpo de campanas de la Giralda es el final renacentista y cristiano de lo que arrancó almohade e islámico: un alminar robusto y delicado a un tiempo.

*El ábside
de la capilla Real; detrás,
la catedral gótica
y la Giralda islámico-renacentista.*

retablos, capillas sacramentales, cú-
pulas, torres y espadañas– de adhe-
rencias sobre todo barrocas: San
Pedro, Santa Catalina, San Marcos,
Santa Marina, San Gil y San Vicente
en la zona norte; San Isidoro, San
Esteban y San Benito en la zona
este. Y se van fundando los grandes
conventos que conformarán el tesoro
de la llamada "Sevilla Oculta": Madre
de Dios, Santa Isabel, Santa Paula,
Santa Clara y Santa María de las
Cuevas, monumento éste emblemáti-
co, en el que se cree que estuvo
enterrado Cristóbal Colón, y que dio
nombre a la Isla de la Cartuja, sede
de la Exposición Universal de 1992.

Si la Giralda fue la huella definitiva
de la Sevilla islámica (oscureciendo a
las más pequeñas torres del Oro y de
la Plata), la catedral lo será de esta
ciudad del XV, grande y ancha, en la
que las tres culturas cabían. Zarpará
en gótico en el 1401 y encallará, ina-
cabada, en plateresco en el 1575,
esta nave inmensa de piedra, muestrario de todas las artes desde el gótico al último esplendor barroco, inte-
gradora al tener como campanario a
la Giralda y como patio de Naranjos
al antiguo de abluciones de la mez-
quita principal de Sevilla.

A partir de este punto, la ciudad
sólo había de crecer y enriquecerse,
sin conocer más desfallecimientos
hasta el colapso del XVIII: a finales
del XV se descubría América, y
Sevilla sería el privilegiado Puerto de
las Indias. Los siglos XVI y XVII son,
por lo tanto, los más ricos de su historia y, por ello, los que más huellas
han dejado. Del Renacimiento perduran el Ayuntamiento; la Casa de

16

Patio del hospital de La Caridad:
las glorias del mundo tienen fin, pero
su belleza es eterna. La Sevilla
de los Reyes Católicos: portada de la iglesia
del convento de Santa Paula.

*Todo el misterio de las
calles estrechas que se abren a plazas
conventuales, laberinto
exquisito señalado por espadañas.
Convento de Santa Paula.*

Pilatos (palacio de los Duques de Medinaceli, así conocido porque de él arranca un Vía-Crucis que culmina en la Cruz del Campo, reproduciendo la distancia del Pretorio de Jerusalén al Gólgota); el hospital de las Cinco Llagas, con su espléndida iglesia labrada por Hernán Ruiz, también artífice del cuerpo de campanas que remata a la Giralda; el severo Archivo de Indias, de inusual traza herreriana; el palacio de las Dueñas (duques de Alba), que aúna formas de este tiempo con otras anteriores y añadidos posteriores, hasta conformar el palacio más delicadamente sevillano de los de la ciudad.

El pleno barroco del XVII dio a Sevilla su carácter definitivo, hasta el punto de que lo sigue considerando su estilo representativo. Además de los tesoros guardados en templos y museos –esculturas de la escuela imaginera presidida por Martínez Montañés (*Pasión, Cristo de los Cálices*), Juan de Mesa (*Amor, Gran Poder, Virgen de la Victoria*) y Ocampo (*Cristo del Calvario, Jesús Nazareno*); retablos de Simón de Pineda, Felipe de Ribas y Roldán (*Sagrario, Caridad*); los extraordinarios testimonios de la escuela de pintura sevillana que encabezará Murillo–, están los monumentos que recuerdan la incomparable opulencia de la ciudad. Como las ya casi dieciochescas parroquias del Salvador y de la Magdalena, las dos más bellas de Sevilla, ricas en volúmenes sorprendentes, conformadoras de espacios urbanos mágicos, como la acera del antiguo compás de la Magdalena o la plaza del Pan, con sus casillas de

El mundo de piedra de la catedral, única montaña de la llana Sevilla. Como si un mago hubiera petrificado una ciudad entera: antorchas, remates y muros.

Las agujas de la catedral:
el gótico se fuga al cielo.

comerciantes y artesanos incrustadas en los muros del templo desde su misma erección.

La iglesia de La Caridad, monumento único por responder a un deliberado propósito propagandista-religioso (exaltación de la lección de tinieblas, de la muerte como impulso para la acción caritativa) ejecutado siguiendo las directrices del fundador de la institución, Miguel Mañara, por los mejores artistas de aquella gran Sevilla: pinturas de Valdés Leal y de Murillo, esculturas de Roldán, retablos de Simón de Pineda, arquitecturas de los Figueroa. El palacio Arzobispal, con una de las más hermosas fachadas barrocas, y el de San Telmo, construido para colegio de Náutica, terminado en el XVIII y posteriormente muy transformado al pasar a ser, a mediados del XIX, residencia de los duques de Montpensier. El hospital de los Venerables sacerdotes –espléndido patio, capilla con pinturas de Lucas Valdés– y la iglesia de Santa María la Blanca, uno de los espacios más hermosos y profusamente barrocos de la arquitectura sevillana, decorada con yeserías de los hermanos Pedro y Miguel de Borja y, hasta su expolio bajo la dominación francesa, con cuadros de Murillo. Siendo éstos sólo algunos entre los muchos monumentos que el esplendor barroco dejó en Sevilla.

El fin del XVII, con media ciudad muerta tras la peste y la inminencia de la pérdida del monopolio comercial con América, supone el fin de las glorias grandes de Sevilla. Aun así, el siglo XVIII se benefició del impulso del precedente, de la actividad de los talleres artísticos, explicándose que

*Sepulcro de Colón
en las naves de la catedral.
Capilla Real
con la Virgen de los Reyes.*

En el corazón oscuro
de la catedral, el milagro dorado del
desmesurado altar Mayor.

22

La huella de los años 40:
altar del Sagrado Corazón de Jesús.

23

Per me reges regnant:
la Virgen de los Reyes, Patrona de Sevilla,
en la capilla Real de la catedral.
A sus pies, el sepulcro de plata de
Fernando III el Santo.

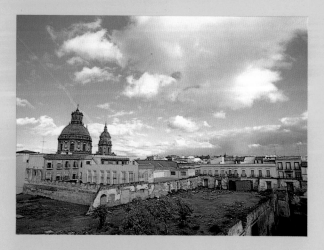

la Ciudad Caída se permitiera el lujo de erigir la inmensa Fábrica de Tabacos (actual Universidad) que fue el mayor edificio industrial de su época; el laberinto cerrado de la Casa de la Moneda y la plaza de toros de la Real Maestranza de Caballería, orgullo grande de Sevilla, cátedra del arte del toreo desde su inauguración en 1763, equilibrio perfecto entre las grandes dimensiones del ruedo de albero y sus arcadas de medio punto que la cierran con delicada monumentalidad. Frutos de este último esplendor que caracteriza a todas las decadencias fueron los desbordados barroquismos de la iglesia de San Luis y de la capilla de San José, y las doradas selvas de los grandes retablos de la parroquia del Salvador, tallados por el visionario Cayetano Acosta.

Pero la ciudad agonizaba y buscaba las tablas para morir, encontrándolas en el ancho siglo XIX; en él, se convirtió en una ópera.

No fue el gusto por lo exótico lo que trajo a los viajeros románticos a Sevilla. Fue su pasión por las ruinas. Era hermoso pasearse por entre los grandes monumentos imperiales y barrocos, que iban integrándose en el melancólico tejido urbano de la ciudad romántica. Era exquisitamente triste el contraste entre las desmesuradas huellas del pasado y la tranquila cerrazón provinciana de la Sevilla del XIX. Y ver a los sevillanos dormidos al sol, como gatos, sobre las ruinas.

La Sevilla decimonónica, perdidos los jirones de los esplendores del XVII que sobrevivieron en el siglo ilustrado, no salió de su sopor ni por los impertinentes curioseos de los

La gran cúpula de San Luis, sobre el caserío ruinoso del barrio de La Macarena. Puerta del Patio de los Naranjos del Salvador.

Portada de la basílica de La Macarena: aquí se guarda la Esperanza de Sevilla.

viajeros, ni por las sacudidas que el asistente Arjona le propinó en forma de derribos, ensanches, apertura de plazas y creación de paseos. Si, bajo el reinado de Carlos III, el asistente Olavide conformó la ciudad del XVIII, bajo el de Fernando VII nació la romántica, que fue la que llegó viva a las obras de modernización de 1929. El paseo de las Delicias, los jardines de María Cristina; las plazas de Armas, de la Magdalena, de Doña Elvira o del Duque fueron naciendo por obra de la férrea voluntad del Asistente, a quien cupo la decisión fundamental de expandir la ciudad fuera del perímetro de las murallas, creando nuevos barrios en las zonas del Campo de los Mártires, San Roque y La Resolana. La ciudad barroca iba siendo en parte destruida, en parte asimilada, y se instauraba la romántica, que en los tiempos de la *corte pequeña* de los duques de Montpensier se ultimaría hasta el menor detalle coqueto.

En esa ciudad, que conoció también desastres y desórdenes, epidemias y guerras, se fue forjando poco a poco el artificio y la leyenda de Sevilla. Porque su sueño no era reposado: lo perturbaban las voces de la gloria pasada que la incitaban a rebelarse ante su plácido destino provinciano y las miradas de los músicos y escritores que la eligieron desde finales del XVIII como decorado de ópera, escenario de novela o materia de narraciones viajeras.

En 1782, Paisiello estrenaba *El barbero de Sevilla,* y a ella seguirían las mozartianas *Las bodas de Fígaro* (1786) y *Don Giovanni* (1787); *Fidelio*

26

Desde la espadaña de Santa Marta, las iglesias del Salvador y de las Islas de los Filipenses. La espadaña del convento de La Paz, sobre la arquitectura del desarrollismo.

*Visita arzobispal
al beaterio de la Santísima Trinidad.*

El mundo acuático y
manierista de los jardines del alcázar,
habitado por dioses primordiales.

29

Gato del alcázar,
elegante indiferencia.

(1805) de Beethoven, *El barbero de Sevilla* (1816) de Rossini, *Preciosa* (1820) de Von Webern, *La fuerza del destino* (1862) de Verdi, *El convidado de piedra* (1872) de Dargomyzsskii y, por parte española, *Pepita Jiménez* (1896) de Albéniz. En el centro de todas, por su popularidad y por ser síntesis de todos los tópicos relacionados con Sevilla (cigarreras, toreros, gitanas, contrabandistas), *Carmen* (1865) de Bizet que, desde su estreno en la Ópera Cómica de París, se convirtió en uno de los más activos agentes propagandísticos de la ciudad.

En lo que a la novela se refiere, se situaron a la cabeza de todas *Carmen* de Merimée (1845), que sirvió de base a la ópera, y la no menos tópica *Militona* de Gautier (1852), igualmente centrada en la relación de pasión entre una mujer fatal y un torero.

Los libros de viajes, que arrancaron con el volumen *Viajes por España* de Swinburne (1779), tuvieron una extraordinaria proliferación, tanto en los años postreros del XVIII como a lo largo de todo el XIX, destacando de entre los muchos publicados el que escribió el barón de Davillier e ilustró Gustavo Doré (1862), el curioso *La Biblia en España* de Borrows (1842) y el muy difundido *Manual para viajeros y lectores en casa* (1845) de Richard Ford. En todos ellos aparece Sevilla con más o menos verdad, pero siempre con áurea folclo-legendaria. No es de extrañar, por ello, que Teófilo Gautier se sorprendiera ante la indignación de los lugareños al alabarles su tipismo porque "temen pasar por bárbaros", ni que Héctor France avisara a los posibles visitantes de que la

Para humillar toda vanidad y despreciar toda grandeza mundana, Mañara alzó el sensual prodigio del hospital de La Caridad.

30

*La belleza de las esculturas
de la portada del palacio de San Telmo,
encarcelada tras rejas románticas.*

Andalucía que han imaginado sólo existe en novelas y decorados de óperas cómicas. La imagen estaba forjada y sobreviviría de forma sorprendente en el siglo siguiente, prolongándose en artes nuevas como el cine; inspirando nuevos textos neo-costumbristas de autores no sevillanos como Pérez Lugín, Paul Morand, Joseph Peyré o Carlos Reyles; desbordando popularmente en la copla. Hasta el punto de embrujar a la propia Sevilla, de convencerla de que su verdad era su ficción, e incitarla a adecuar la realidad al sueño, convirtiéndose en un único y desmesurado decorado: la ciudad regionalista.

29 y 92. Este cruce de cifras va a definir la evolución global de la Sevilla del siglo XX a través de la celebración de dos Exposiciones –Iberoamericana la de 1929, Universal la de 1992–, que se convertirán en interpretaciones del ser físico de la ciudad, en controversia sobre su estructura espiritual, en análisis de su pasado resueltos en pronósticos sobre su futuro; en intentos (sobre todo en la primera) de síntesis entre presente y pasado, verdad y leyenda, realidad y artificio.

En los primeros veinte años de este siglo había despertado una nueva conciencia política (publicación de *El ideal andaluz* de Blas Infante, en 1915) y estética (*Divagando por la Ciudad de la Gracia* de Izquierdo, publicada en 1915; *A los hermanos del Sur* e *Invitación a Madre Andalucía* de Cansinos-Assens, en 1919; *La ciudad* de Chaves Nogales, en 1921) que a un tiempo reaccionaba contra el tópico y lo asumía, recono-

32

La ciudad como decorado: los pabellones mudéjar (museo de Artes y Costumbres Populares), plateresco (museo Arqueológico) y Real de la Exposición de 1929. Plaza de América.

*Detalle del pabellón Real:
la arquitectura regionalista usó palabras
de todas las lenguas
arquitectónicas que había hablado Sevilla.*

ciendo, de alguna manera, que el mismo vino –Sevilla– embriagó en el siglo anterior a los románticos viajeros y en éste, a los costumbristas-regionalistas, variando sólo la respuesta: desatenta a lo real y perdida en los laberintos del sueño la de los primeros, obsesionada por encontrar y expresar el ser real y profundo de la ciudad la de los segundos.

Tal vez los grandes músicos, pintores, escritores y arquitectos que forjaron el espléndido artificio de la Sevilla de los primeros treinta años de este siglo, la que culminó en la Exposición del 29 y fue barrida sólo siete años después por la guerra civil, se propusieran desbaratar el tópico romántico utilizando para ello el dato real, menudo y objetivo, suministrado por la observación de las costumbres. Pero el resultado, en vez de sustituir a lo anterior, se sumó a ello, lo prolongó y completó con una dosis de verdad menuda que antes no existía. Por ello, es casi imposible delimitar en las obras de los músicos sevillanos como Turina, de los arquitectos como Aníbal González o Talavera, de los ensayistas como Izquierdo o Chaves, de los poetas como Collantes de Terán o Romero Murube, de los pintores como Bacarisas, qué es realidad y qué es ideal, qué es observación y qué es ensoñación: Sevilla, en el siglo XX, se reinventa a sí misma, mezclándolo todo.

Para la Exposición de 1929 se remoza y redefine el barrio de Santa Cruz, se construye la avenida principal de la ciudad (hoy de la Constitución); se prolonga el paseo de las Delicias, que creara el asistente

*Emblema máximo
del regionalismo y de la Exposición
de 1929: la plaza de España.*

34

Detalle cerámico de la plaza de España: el regionalismo revitalizó las centenarias artesanías sevillanas.

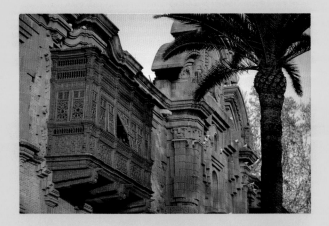

Pabellón de Perú (arriba): historicismo y neocolonialismo. Pabellón Real: el regionalismo quiso reinventar Sevilla como una idealizada ciudad-jardín.

Arjona, con el de la Palmera, muestrario de arquitecturas historicistas y regionalistas; se remodela gran parte del parque de María Luisa, habilitando en él los grandes recintos de la plaza de España y de la plaza de América; se alzan hoteles y teatros (los más significativos, el Alfonso XIII y el Lope de Vega); se edifican barriadas enteras (Porvenir, Helió-polis, Ciudad Jardín) y se levantan multitud de caprichosos pabellones nacionales y regionales, hoy definitivamente integrados en el patrimonio arquitectónico de la ciudad.

Fue una fiebre espléndida que, si bien sumió a la urbe en la ruina, representó un momento de ilusión colectiva, un impulso de hacer y una voluntad de aunar desarrollo económico y re-construcción urbana respetuosa hacia la historia y las formas que, con errores y aciertos, configuró lo que hoy se llama Sevilla. Se barrieron los muchos restos medievales con ampliaciones y ensanches, se esfumó el perfume barroco del caserío y se refugió en los grandes monumentos; pero, en cambio, se logró conservar el legado romántico a través del desarrollo arquitectónico regionalista, que sumó a la gracia severa del caserío del XIX la extravagancia caprichosa que integraba las lenguas arquitectónicas que había hablado la ciudad —la mudéjar, la renacentista, la barroca— en una nueva que mezclaba, a través de los *neos* historicistas, palabras de todas ellas, pronunciadas con el acento francés del modernismo. Se estaba alzando un decorado, un puro artificio que —mientras en el mundo triun-

Otoño en la plaza de América.

faba la razón arquitectónica– desplegaba un deslumbrante catálogo de azulejerías, yeserías, forjados, artesonados de madera y arquitecturas dibujadas. El círculo de engaños se ha cerrado tan completamente sobre sí mismo, que es imposible decir dónde empieza la mentira y acaba la verdad. Todo es una espléndida confusión. Y da igual, porque es hermosa.

La vitalidad de la Sevilla pre-expositiva, que tan bien supo aprovechar desde 1923 la Dictadura de Primo de Rivera, se prolongó, sobresalto más, sobresalto menos, en los años treinta. Pero quedó frenada tras la guerra civil. Apenas se empezó a recuperar la ciudad de los dramas bélicos y de las miserias de la larguísima posguerra, en los años sesenta y en gran parte de los setenta, un bárbaro desarrollismo –que el poeta Romero Murube definió como "de nuevo rico, cuando no de analfabetos en ciertas disciplinas del espíritu"– destrozó el difícil equilibrio logrado por la Sevilla de la Exposición. Palacios, teatros, barrios enteros, calles completas fueron arrasados sin sentido urbanístico alguno, sin ni tan siquiera la justificación de una nueva idea de ciudad. Las cicatrices que estos años de plomo dejaron pueden verse hoy en el tejido ciudadano.

La acción de los primeros ayuntamientos democráticos frenó este proceso, naciendo una conciencia conservacionista que hoy interpreta la nueva meta expositiva –1992– como un necesario equilibrio entre el desarrollo efectivo y la restauración o rehabilitación del inmenso casco histórico. La fisonomía de la ciudad está

El peso de la historia:
Sevilla sufre la tensión de su enorme
casco monumental,
descuidado desde hace años.

IDIOTA

HDLV

Viejas arquitecturas
para artes nuevas: exposición de
Schnabel en el patio
del antiguo convento d Carmen

El futuro desde el pasado: el recinto en obras de la Cartuja visto desde la chimenea de la antigua fábrica de Cerámica de la Cartuja.

en proceso de cambio. Se modernizan los accesos (nuevas autovías, rondas de circunvalación, construcción del nuevo aeropuerto y de la estación de tren de Santa Justa) y se efectúan importantes operaciones urbanísticas, siendo la más significativa y hermosa –también la más simbólica– la reapertura del cauce real del Guadalquivir (cegado en los años sesenta) y el levantamiento del tendido ferroviario que incomunicaba a la ciudad con gran parte del río, la Isla de la Cartuja y el Aljarafe.

Tras el derribo del muro de la calle Torneo, desde los barrios históricos de San Vicente o San Lorenzo, se ven alzarse las modernas estructuras de la Exposición Universal más allá de un río ya cruzado por cuatro nuevos puentes, increíblemente cercanas para la visión de un sevillano acostumbrado a considerar que el larguísimo muro era el límite de Sevilla por el Oeste. Desde la Exposición, desde la Isla de la Cartuja, se ve a Sevilla como en un viejo grabado, toda resuelta en azoteas, torres, campanarios y espadañas. Impidiendo el crecimiento urbanístico, el tendido ferroviario logró que esta parte del casco histórico no fuera envuelta por anillos de nuevas barriadas y, por ello, la visión que se goza desde La Cartuja no difiere mucho de la que la ciudad ofrecía a quien a ella llegara, desde poniente, hace uno o dos siglos. En este cruzarse de miradas entre Sevilla y la Exposición –de un lado apertura a nuevos espacios, de otro contemplación de lo histórico–, debería ejemplificarse el espíritu de 1992 para que la

El convento de San Clemente desde el nuevo puente de La Barqueta. Vistas de la Isla de la Cartuja con la Expo 92 en marcha.

*Nueva estación de tren
de Santa Justa.*

ciudad no sea decorado vacío, escenografía, hermosa nada.

Tiempo interno de Sevilla. No hay asunto más crucial para entrever alguna realidad verdaderamente honda de la ciudad. Por ser el sevillano –y cualquier sevillano, de centro o de barrio, integrado en la cultura de la urbe o víctima de la aculturación de masas– hijo de un pasado de gloria perdido, y beneficiario de un pesado testamento, el legado de la ciudad, ha aprendido a vivir instalado en el desengaño y el escepticismo. Admitiendo un solo valor absoluto, Sevilla, pero transmutándolo no en un espacio físico y urbano –perdido, malvendido, profanado ante la sorprendente indiferencia/indolencia de sus adoradores–, sino en una forma de vida. Tan negativa como sabia.

El centro de esta concepción, el corazón que bombea la lánguida sangre que da vida a este estar en el mundo, es la forma en que se habita el tiempo. Suponiendo que se pueda hablar de rasgos *perennes* (por no decir *eternos*) y aplicarlos a toda una colectividad (cosas ambas tan trilladas como dudosas, pero, no obstante, siempre tentadoramente presentes en sus modestas y cotidianas realidades), habría que admitir que ese *rasgo perenne* del sevillano, al menos del actual, descendiente de la repoblación fernandina, es el del choque que produce la simultánea experiencia de la dulzura de la vida y la de su dramática brevedad. El símbolo máximo de este conflicto se expresa en la iglesia de La Caridad, paradójica celebración de la victoria de la muerte y de la transitoriedad del mundo hecha con lo que éste tiene de bueno y de hermoso

El antiguo monasterio de la Cartuja, pabellón Real de la Expo 92. Templete de los jardines y varios aspectos de la restauración de la cúpula.

–las mejores pinturas, esculturas y arquitecturas–, lo que demuestra que hasta de la obsesión por las postrimerías se hace en Sevilla puro goce de esos sentidos cuya caducidad se prentende resaltar.

Este conflicto se traduce en comportamientos cotidianos, personales o colectivos, centrados en disfrazar el transcurrir de eternidad con la acumulación de ritos diarios (o estacionales) que, con su manso repetirse, borran los límites entre el mañana y el ayer, instaurando un hoy aparentemente ilimitado. De esta concepción de la vida nace la sevillanísima valoración de la víspera –promesa, expectación pura– por encima del cumplimiento.

El rito no sólo asegura la repetición del gozo; además, lo sitúa temporalmente: se sabe cuándo advendrá. Esa espera de lo cierto produce una vibración de placer más intensa que la posesión; sobre todo, permite saborear entero lo que la duración –el enemigo grande de Sevilla– roerá apenas comience a existir.

Pedro Salinas incluyó las más bellas páginas que escribió sobre la ciudad –*Entrada en Sevilla*– en un volumen de relatos breves titulado *Víspera del Gozo*. Fue una de esas intuiciones poéticas que se manifiestan como las más hondas formas de conocimiento: así vive el sevillano, siempre en vísperas, no queriendo en realidad que la fiesta (o la vida) empiece, porque desde ese mismo momento estará ya trabajando dentro de ella la larva temporal que la aniquilará.

El amor con el que el sevillano ama a Sevilla y a la vida (¿no son,

Puente de Triana, el primero que unió (siglo XX) a Sevilla con un barrio que se constituye como otra ciudad. Las fachadas dieciochescas de la calle Betis. El río recuperado como lugar de recreo.

El Guadalquivir de noche,
un río de luces.

para muchos, lo mismo?) es Amor de Bagdad, corriente islámica místico-erótica, que no casualmente tuvo en el filósofo y poeta arábigo andaluz Ibn Hazm a uno de sus más exquisitos cantores: la espera como máxima tensión, la no consumación como la más perfecta forma de posesión, el roce, la caricia leve, el beso, el arco tensado hasta el punto de quebrarse, pero sin disparar la flecha.

La lección de tinieblas no se resuelve en Sevilla en renuncia, en desapego, en ascética: sobre ella se crea una nueva forma de sensualidad agónica que nos devuelve de la oscuridad a la luz, trastornados a un tiempo por la desesperación y el deseo.

Esta tensión gravita sobre la forma en la que se vive en Sevilla. Por ello, sus fiestas grandes se fragmentan en instantes únicos e independientes, más valiosos cuanto más breves, más buscados cuanto más huidizos: el momento en el que el primer sol del Viernes Santo baña la cara ojerosa y cansada de La Macarena cuando vuelve por la Encarnación; el minuto de silencio absoluto que se produce cuando la Virgen de los Reyes sale de la catedral a la plácida mañana de agosto en la que procesiona; el baile breve de los Seises; el rito de los toros, en el que la plenitud estética (y en Sevilla la fiesta ha de resolverse en puro arte ingrávido) se disuelve en el aire táctil de las tardes de abril de La Maestranza apenas ha sido alcanzada. Porque no Hércules, sino Tántalo debió de fundar Sevilla: se ha robado el secreto de los dioses; pero apenas se toca, desaparece.

Sevilla comercia y juega con su río. En el centro, el puerto; arriba y abajo, la cucaña durante la velá de Santa Ana.

*Vista aérea
del puente de La Barqueta:
está naciendo una nueva Sevilla.*

*El paso de las estaciones
en el parque de María Luisa.*

El final súbito del éxtasis casi no iniciado anuncia al sevillano la certeza de su muerte personal: así, como se pasó el día esperado, se pasa la vida. *In Ictu Óculi.* Tras la plenitud, viene el vértigo de una nada temida. Un mar de tristeza bate las calles vacías en las horas ilimitadas que siguen a las fiestas cumplidas. Madrugada hueca del Domingo de Resurrección, tardes hondas como pozos del Corpus y de la Virgen de los Reyes. Esta última procesión, que se celebra en el corazón de agosto, es ejemplar por la brevedad de su duración y la amplitud de su ausencia. A las ocho de la mañana sale la Virgen de la catedral, rodea la mole gótica, y cuando aún el reloj de la Giralda no ha tocado la media de las nueve, ya ha vuelto a entrar. La multitud, que ha abarrotado la plaza y todo el perímetro de la catedral, se desperdiga por el centro, llena los bares para desayunar, crea una insólita animación en este día festivo de agosto al pasear las calles sombreadas por las velas blancas. Hacia el mediodía, todo se va vaciando. Vuelven las familias a sus casas, a sus barrios, a sus pueblos, a sus veraneos interrumpidos para asistir a la procesión de la Patrona. Al llegar la hora del almuerzo, la ciudad está desierta, muerta, batida por el pleno sol. Un pesado olor a nardos se desliza sobre el aire que quema. En ese punto de soledad y vacío, al borde de la amable muerte de la siesta, parecerá que un tiempo infinito ha transcurrido desde el esplendor de la mañana –sol primero, campanas, música– que, tras haber sido tan larga-

Llanto azul de una escultura
en el parque de María Luisa.

María Luisa, Murillo, parques
de Sevilla, naturalezas domesticadas
de la ciudad-jardín
creada en 1929. En el centro, detalle en
cerámica de la plaza de América.

mente esperado, se ha disuelto en un instante. Y se volverá a vivir en expectación y en memoria.

Por habitar de tal manera el tiempo, el sevillano es –por encima de cualquier otra cosa– barroco. No en el sentido coloquial y superficial del término, aunque así parezcan a veces indicarlo su pasión por la retórica y el perifollo. Lo es en profundidad. Por su experiencia –carnal, no intelectual– de la certeza de la muerte. Por su odio al vacío –que identifica con la nada– y su gusto consiguiente por las formas abigarradas, por el desbordamiento que todo lo cubre, todo lo llena. Por su religiosidad a un tiempo feliz, a un tiempo atormentada, que resuelve los misterios de la fe abstracta en la realidad táctil del oro, del terciopelo, de la cálida madera, con una desesperada contradicción interna que Walter Benjamin definió como típica del espíritu religioso del XVII: "El hombre religioso del barroco se aferra tanto al mundo porque se siente arrastrado junto a éste hacia una catarata".

Eso sigue siendo realidad hoy, tres siglos después, en Sevilla; por ello es una de las pocas ciudades del mundo (¿o la única?) en la que lo barroco sigue siendo sensibilidad cotidiana, vida diaria, sostén de comportamientos y –a través del culto a las imágenes en las hermandades– sentido de vidas. También el carácter hondo del sevillano es barroco, y como tal, síntesis problemática de contrarios, como calidez y frialdad, inmediatez y distanciamiento, vibración religiosa y apego sensual al mundo. Asumiendo esta doble natu-

*Monumento a Bécquer
en el parque de María Luisa.*

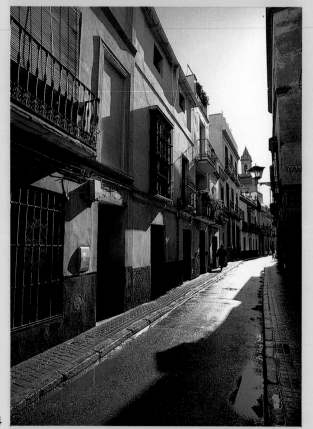

raleza en su relación con las cosas y las personas, y sublimándola en las grandes representaciones barrocas públicas –Corpus, Semana Santa, Feria–, que privilegian lo efímero sobre lo duradero, y en las pequeñas representaciones privadas de su vida personal.

Al tópico de la hospitalidad y generosidad sevillanas se ha opuesto otro, más reciente, de su fría hostilidad hacia todo lo de fuera. En ambos casos se falsea la realidad. Ni tan cascabelero y simpático como Miguel Ligero, ni tan esquinado como Manuel Luna (por poner ejemplos extraídos del tópico morenoclarero), el sevillano gusta mantenerse en una tierra de nadie sentimental en la que pueda jugar también con lo efímero, con la representación. Se guarda y se reserva tras las máscaras alternativas de la cordialidad o de la frialdad, escondiéndose tras su mostrarse. Y eso es puro barroquismo de fachada-pantalla. Su verdadero ser raramente lo mostrará, y más raramente aún lo entregará, que también en esto es relativista y escéptico. Como un gato.

Este juego encubre una desesperación de fondo, que pasa inadvertida al observador más atento a los clichés que a las verdades. Cansinos-Assens dice, en hermosa expresión, que el sevillano vive angustiado por "exigencias insuperables", y se pregunta: "¿Por qué, hermanos, es tan triste y tan exigente nuestro corazón? ¿Qué promesa nos hicieron más magnífica que la que se hizo a los hijos de los demás hombres?".

La relación del sevillano con su ciudad es pasional. Esto suele ser malin-

54

Una de las pocas puertas de la ciudad antigua que sobreviven hoy: arco del Postigo del Aceite. La calle de San Luis, antaño camino Real por el que los Reyes entraban en Sevilla.

*La integración de lo nuevo
en lo viejo: hotel de las Casas de la
Judería, en San Bartolomé.*

terpretado por el turista accidental, que presencia como un mirón las efusiones amorosas que, con frecuencia embarazosa, se intercambian entre los sevillanos y Sevilla. Tras la sorpresa o el rubor, dicho testigo debe superar la fácil tentación de poner sobre esa relación la etiqueta del localismo chovinista o del provincianismo cerril. Sí que existe un fenómeno de exclusión de lo exterior, de ensimismamiento. Pero ello es factor fundamental en toda relación de pasión. Sólo el amante y lo amado: desaparece el mundo. No por soberbia, ni por ignorancia convertida en orgullo de lo propio y desprecio de lo ajeno. Desaparece, simplemente, porque en el acto de amor se cierran los ojos, y si se abren es sólo para mirar a quien, dejándose poseer, nos posee.

El aislamiento pasional de quien a Sevilla se entrega puede acabar produciéndole una enfermedad del carácter, que se repliega hacia dentro para rechazar todo lo que pueda suponer un peligro para su relación exclusiva. Entonces empieza el periodo –común en las vidas de muchos sevillanos, algunos de ellos escritores que han dejado diarios de su pasión– que ha sido designado con felicidad expresiva como del "resignado gozo de los límites". Tan estrechos pueden llegar a ser los límites y tan intensos los gozos, que no dejen lugar para otra cosa. Saciado por la ciudad, este sevillano conserva poco apetito para otros alimentos imprescindibles. De lo que acaba por resentirse hasta la calidad de su pasión. Por ello, Chaves Nogales se preguntó si "estas inquietu-

Otoño en el parque de María Luisa.

Azoteas de Sevilla:
miradores sobre el mar de la ciudad.

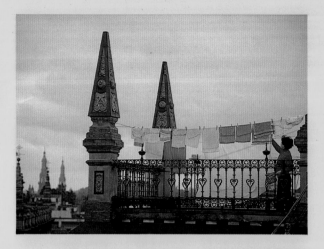

Lo cotidiano se instala
sobre la historia. Azotea y fachada
de una casa historicista
de la avenida de la Constitución.

des sevillanistas no sean sino una aberración", en su libro *La ciudad,* uno de los textos fundacionales del idealismo sevillano.

Esta corriente amarga, que plantea la seducción de la ciudad como petrificadora mirada de Medusa, encontró su más radical y áspera formulación en el texto *José María Izquierdo y Sevilla,* incluido en el libro *Ocnos* –probablemente la obra definitiva sobre Sevilla hasta hoy– que escribió Luis Cernuda, el poeta fugitivo de la ciudad, que siempre la llevó dentro como una pasión de odio y de nostalgia. "¿Por qué se obstinó alicortado en su rincón provinciano, pendón de bandería regional para unos cuantos compadres que no podían comprenderle? Hoy, distantes aquellos días y aquella tierra, creo que de todo fue causa un error de amor: el amor a la ciudad de espléndido pasado, cuyo espíritu acaso quiso él resucitar, dando para ello lo mejor que tenía, sacrificando su nombre y su obra". La formulación cernudiana del "error de amor" es un seguro escalofrío para todo aquel que ha escogido a Sevilla como compañera de vida. Pero es una advertencia que casi siempre llega demasiado tarde. Queda como consuelo el inesperado final del texto, en el que el poeta, desde la Escocia en que *Ocnos* fue escrita, se preguntaba si, después de todo, no alcanzó José María Izquierdo, en Sevilla, perdido en su error y en su éxtasis, "gloria mejor y más pura que ninguna".

Para poder acceder a ese estadio de gozo, de lo mejor y más puro, hay que saber esperar a que la ciudad,

Plaza de las Cruces,
en el centro justo de la antigua Judería.

Vida entre las ruinas: el sevillano se resiste a dejar de habitar el casco histórico (la Casa de la Moneda).

asediada de amor, agobiada de constancia, se abra y se rinda. Días y meses y años y vidas enteras se consumen en esta espera, que ha quedado también recogida en los diarios sentimentales de los grandes amantes de Sevilla. "Vamos quemando nuestros días en gozar de este goce indefinido, que nos sujeta a un deambular desorientados", escribió Chaves Nogales. "Yo había buscado por su cuerpo blanco –y esta vez es Romero Murube el amante– la última palabra gozosa que la definiera, simple y completa, a mi deseo". Deambular y buscar, divagar diría Izquierdo; lo mismo da. Se trata de establecer una relación física, táctil, con la ciudad. De habitarla hasta descubrir su último secreto.

El sevillano es por ello –en invierno y en verano– hombre de grandes paseos, de calle. Se para poco en la casa, y aun en la calle se salta de bar en bar, las más de las veces de pie, encontrándose y desencontrándose, picoteando tapas y conversaciones. Es el gusto por vivir los espacios de la ciudad, que son –especialmente en el gran casco histórico– semidomésticos, nunca agresivos, siempre acogedores por su estrechez o por su cerramiento en forma de plaza. Paseos, paradas, conversaciones y deambuleos siempre lentos. La lentitud es el lujo supremo del sevillano. Es descubrimiento y privilegio de todos los pueblos del Sur y otro rasgo más que define a esta ciudad como oriental. Es de verse a los viejos sevillanos de gesto hosco y ademán despacioso, perdidos en sus vericuetos internos, actuando –sea

Antiguos quioscos y terrazas se recuperan para el gozo abierto de la ciudad. Duende y misterio: flamenco en la antigua Carbonería de la Judería de San Bartolomé.

cual sea su posición social– con la elegancia absoluta que da el olvido de prisas y urgencias.

Las estaciones van a determinar en gran medida las formas de relación con la ciudad. Gozo del calor intenso, casi tocable, de los días inmensos de julio y agosto, en los que una barrera física separa los interiores oscuros o las calles sombreadas por las velas, de los espacios batidos por el sol blanco; días que se deslizan hacia noches sin fin, tibias, calurosas incluso en ocasiones, en las que se vive de forma absoluta en la calle, ya sea deambulando o tirando la intimidad de las casas –conversaciones, ruidos de cocinas, sonidos de televisores, interiores sorprendidos– a través de las ventanas abiertas de par en par. Crujir dorado del otoño siempre tardío y siempre breve, en el que se mantienen los hábitos del verano y se busca –como si no existiera saciedad– la calidez del sol del mediodía en aceras de bares o terrazas. Invierno absoluto de las primeras horas de una tarde lluviosa en la calle Francos, de refugio tras las cristaleras del bar Laredo, siempre viviendo en la calle por mucho frío que haga. Mañanas transparentes de Navidad, todas volcadas en la espera de la Cabalgata de Reyes –inventada en Sevilla por José María Izquierdo y el Ateneo– que será la primera gran cita masiva del año. E inmediatamente empieza a latir el corazón de la primavera, que en Sevilla se anticipa –por pura impaciencia– a los días postreros de enero, burlando al calendario con el bullir de las cofradías en

Toda Sevilla reflejada en una cristalera del bar Laredo: los cafés apresan el alma de las ciudades.

plena efervescencia de cultos. Hasta que aparezca la primera flor de azahar y se sienta muy dentro el vértigo de la promesa cumplida: "Ya huele a Semana Santa", se dicen unos a otros los sevillanos, literalmente enloquecidos por la inminencia de la primavera, de las procesiones, de la Feria, del Rocío. Y entre estas fiestas totales, adviene otra vez, siempre de golpe, el calor. En abril ya está toda la ropa de invierno guardada, y si una Semana Santa cae muy baja, lo delata el olor a naftalina de los abrigos urgentemente rescatados para afrontar la *madrugá*. La vida en la ciudad se va tejiendo así con hilos levísimos, probablemente irrelevantes si se ven sin participación afectiva, que conforman día a día el capullo en el que acabará por recluirse el sevillano para gozar a solas, perdido para sí y para todos, de la gloria que Cernuda adivinó.

Sevilla es ceremonial en la más pura acepción académica del término: somete sus acciones a la "ley, estatuto o costumbre" para "dar culto a las cosas divinas o reverencia y honor a las profanas". A través de él encuentra el medio idóneo para habitar el tiempo, para afrontar la fría desazón que le produce su conciencia de finitud, para dominar la ciudad y domesticarla, para hacerla habitable y abarcable siempre, por mucho que crezca, imponiendo los ritmos centenarios de vida a sus nuevos desarrollos urbanos. Entre las muchas formas en que el ceremonial sevillano se concreta, hay tres definitivas: la Semana Santa, la fiesta de los toros en la Real Maestranza y la Feria de Abril.

Los rostros de Sevilla.

*La plaza de España
sirve como lugar lúdico y de recreo.*

Protagonistas infantiles
en la plaza de América
y en el museo Arqueológico.

En ninguna de las tres se hacen patentes los caracteres de abolición del tiempo, actualización de la historia, cohesión de la nueva y vieja Sevilla con la reunificación emocional de lo que la expansión urbana ha disgregado, como en la Semana Santa. A través de ella, Sevilla asume de forma absoluta la existencia de Cristo como persona concreta, que en un momento determinado de la historia fue prendido, torturado y muerto. Esa Pasión se convierte en símbolo de la condición humana toda, del estar en el mundo, por medio de una humanización de lo divino y de una divinización de lo humano. Las preguntas universales sobre el sentido, el dolor, la muerte y la esperanza están planteadas en las poderosas imágenes de los siglos XVII y XVIII, en torno a las cuales gira de forma absoluta esta fiesta sagrada. Sevilla se define así como ciudad cristiana, en el sentido de adhesión personal a la figura del Nazareno. Sin que ello quiera decir que sea rígidamente católica, fiel cumplidora de los preceptos o especialmente proclive a complejidades teológicas.

La relación con las imágenes, que de forma tan devastadoramente humana representan a lo divino, es física y emocional. Se las habla, se las toca, se las besa, se las viste según las estaciones del año, se las integra en la vida diaria, con el espontáneo desorden de los sentimientos, con el amor inmediato y concreto que se vuelca en un ser humano. La Semana Santa es plena reactualización más que representación; es vivencia personal y no acatamiento de dogmas

JVAN·D·PIN·DA

Al cálido sol de Sevilla

sancionados por la autoridad; es construcción colectiva de la ciudad y no superestructura impuesta. Es, sobre todo, vida que expresa la vida y su problematicidad: un paisaje de dolor y de muerte que limita con un horizonte de ternura interrogativa y no con uno de gloria triunfal.

En Sevilla, el Gran Poder de Dios se entiende como el indescriptible agobio, la ternura herida y la capacidad ilimitada de sufrimiento que expresa el Cristo que porta ese nombre; la Esperanza de la Virgen no se manifiesta en escultura de gloria, sino a través de la famosa Macarena que atraviesa la madrugada del Viernes Santo, mostrando el enigma de la expectación (¿de qué?) en medio del dolor más absoluto.

Todo se desarrolla en una unidad temporal concreta –una semana– que, sin embargo, posee una ilimitada duración emocional. Y se articula a través de un complejo ceremonial de los sentidos, en plenitud de sensibilidad y vida. Es primavera; desbordan flores los pasos; la noche es tibia; huele a cera quemada y a incienso; tintinean los pesados bordados de oro sobre terciopelo, al chocar contra los varales de plata labrada; se mecen suavemente los pasos al compás de músicas pletóricas; parecen vivos –a la luz de las velas– los hermosos simulacros esculpidos hace doscientos o trescientos años; y Sevilla es otra vez la Nueva Jerusalén que soñó ser cuando podía permitirse todos los sueños.

Las espléndidas imágenes que se esculpieran en los talleres de Andrés y Francisco de Ocampo, de Martínez

Verdades pequeñas
de la fiesta mayor de Sevilla: instantes
de la Semana Santa.

Tras la cofradía: portadores y banda siguen el palio de la Virgen de la Victoria.

*Tarde de Viernes Santo
en el puente de Triana. Al fondo,
la Torre del Oro.*

El suntuoso manto
de la Virgen de la Victoria.
Cinturones de esparto
para la penitencia y botos para la Feria.
Costaleros de Triana.

Montañés, de Juan de Mesa, de Pedro Roldán y de su hija Luisa la Roldana, de Ruiz Gijón, representan con dramatismo, pero sin exageraciones de sangre o de gesto, la tragedia de la Pasión. La elegancia espiritual de Sevilla se refleja también en su horror por la estridencia: estas imágenes conmueven a través de una estética serena y contenida, en la que el extremo barroco está atemperado por la pervivencia del modelo clásico renacentista.

Esta ceremonia sirve también para cohesionar la ciudad, creando una Sevilla ideal que trasciende situación urbana y marco arquitectónico. Todo el descuido que el sevillano ha tenido para con el ser físico de su ciudad, se convierte en cuidado extremo en lo que a costumbres y tradiciones se refiere. Como si éstas, al seguir vivas, fueran capaces de resucitar con su acontecer cíclico a la ciudad desaparecida.

Algo de cierto hay en ello. Las hermandades más antiguas nacieron a principios del siglo XIV y se consolidaron –con el progresivo añadido de las que se fueron creando– en la Contrarreforma. Desde entonces se han ido extinguiendo o naciendo o refundando o fusionando, en un proceso de vida ininterrumpido hasta hoy. Así se explica que al saltar la ciudad el perímetro de las murallas en el XIX y al expandirse en el XX a través de nuevos barrios, en todo sometidos a reglas de visión y de vida ajenas a las sevillanas, sus habitantes se esforzaran por seguir conservando al menos parte de sus patrimonios no materiales. Uno de los

El Cristo de la O.

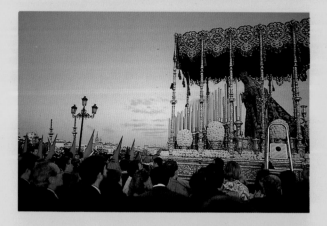

*Triana buscando a Sevilla:
la Hermandad de la O por el puente
de Triana.*

más sorprendentes resultados de este esfuerzo ha sido el nacimiento de nuevas hermandades en barrios modernos, alejadísimos del centro de la ciudad y de sus formas de vida. Por medio de ellas reivindican su pertenencia al cuerpo histórico de Sevilla y proclaman su poderío a través de la riqueza de sus pasos y enseres, resultado de la unión de voluntades que representa la hermandad. Lógicamente no pueden alcanzar la perfección de las hermandades históricas, pero al final no es lo estético lo decisivo, sino lo emocional, lo devocional, lo vinculante. Y, eso sí, la sujeción a la "ley, estatuto o costumbre" que vertebra todo ceremonial; en este caso no escrita, transmitida de generación en generación, sólo vulnerada por las necesarias adaptaciones a los tiempos o por las molestas contaminaciones de la subcultura de masas.

Orgullosas, banderas de sevillanía e insignia de prosperidad de todo un barrio, estas nuevas hermandades avanzan –muchas veces con cortejos de más de mil nazarenos– por avenidas que son pura desolación de asfalto, entre bloques funcionales, creando Sevilla donde antes no la había y buscando el centro histórico en el que entrarán, como una legión que volviera en triunfo desde una lejana provincia a la Roma inmortal, afirmando que ellos son tan romanos-sevillanos como los *Armaos* que escoltan al paso de la Sentencia de la Macarena.

Un reguero de sangre y una coincidencia de fechas unen la Semana Santa y la fiesta de los toros en la Real Maestranza de Sevilla. Mueren

Penitente de la Hermandad de los Estudiantes.

los últimos minutos del Sábado Santo, está entrando la Soledad de San Lorenzo mientras suena una antigua saeta –"Soledad bendita / broche de oro que cierra / la Semana Santa de Sevilla"– y en ese mismo instante, mugen ya inquietas en los toriles las bestias que se sacrificarán ritualmente el Domingo de Resurrección por la tarde, en la corrida inaugural de la temporada.

Empieza el tiempo de gloria. En el barrio de San Bartolomé, corazón de la antigua judería, está en besamanos la Virgen de la Alegría, iniciando el ciclo de las procesiones de gloria que se extenderá hasta que entre el otoño. La ciudad, exhausta, se recupera para la Feria. En el Arenal, en torno al óvalo dieciochesco de la plaza de toros, empiezan a congregarse desde las primeras horas de la mañana los aficionados más viejos y leales o más unidos por lazos de vida y oficio a la fiesta. Sevilla ha encontrado, recién terminada la Semana Santa, presente aún la desolación absoluta de su ausencia, otra razón de pasión y de vida, otra ceremonia de mediación y pacto con la muerte. Han terminado los días de terciopelo, empiezan los de seda.

En la fiesta de los toros muestra Sevilla, una vez más, su rostro de trágica alegría. No aprecia en mucho esta ciudad la aspiración –ética, pragmática, nórdica– a la felicidad, prefiriendo ese incontrolable e indomesticable movimiento del ánimo que es la alegría. Se es feliz y se está alegre, y el sevillano –siempre relativista y escéptico– confía mucho más en su estar que en su ser.

Teatro de vida y de muerte.
Página siguiente, *puerta del Príncipe de la Real Maestranza.*

El ceremonial taurino hace compatibles los sentimientos de alegría y el instinto de muerte, a través de la transformación del esfuerzo en gracia, del dolor en arte, de la lucha en danza. Es un arte de la agonía, tanto en lo que a la etimología (lucha) como en lo que a la acepción común (angustia del moribundo mientras la vida y la muerte disputan su cuerpo) se refiere. ¿Cabe saber más hondo? Todo se resuelve en ella en inmediatez y certeza. El silencio que deja oír los pájaros que anidan en los grandes árboles del Arenal, la respiración de la bestia, el crujir levísimo de las zapatillas sobre el albero, el tintineo de los estribos del picador. La luz precisa que cae sobre la sangre oscura y espesa que se coagula en el lomo del animal, que se expande dorada sobre el desierto ovalado del ruedo, que define a lo lejos la silueta de la Giralda. Todo es presencia y realidad, no mediados por interposición representativa alguna. Nada hay que no sea necesario. La brutalidad y el pánico se humillan a las reglas del arte. La muerte es citada y burlada. Todo es vida, y por ello nada hay en la arena que no sea posibilidad de muerte.

Sevilla ha sentido desde hace siglos esta fiesta como suya y en ella ha extrovertido sus conflictos hondos, dándole un sello propio de fragilidad, de gracia imprevisible y de trascendencia. Como atestigua la gloria de sus toreros grandes y artistas: desde Joselito y Rafael el Gallo hasta Curro Romero; desde Belmonte hasta Pepe Luis Vázquez.

Si la Semana Santa y los toros son los grandes ritos en los que se re-

En el óvalo de la Maestranza,
la lucha se somete a las reglas del arte.

Cartel de Feria.

Realidad y deseo en la Feria de Sevilla.

suelven problemáticamente las tensiones entre el ser y la nada, la vida y la muerte, la Feria de Abril es la representación máxima del gozo vital y sensual. Necesitaba la ciudad este ordenamiento a lo grande de sus juergas privadas, esta cita y este escaparate en el que darse a sí misma en espectáculo. Lo halló en el imprevisible desarrollo de la primitiva feria de ganado, que se fue poblando de casetas, flamencos, señoritos, gitanos, burgueses que jugaban a ser un poco las tres cosas, cantes por sevillanas que evolucionaban de las matrices populares del XVIII, ficticios trajes de flamenca para las mujeres, atuendos camperos para los hombres, farolillos, encajes, carruajes. Hasta conformar la fiesta grande de abril, tan bien insertada en las invariantes festivas de la ciudad que parece mucho más antigua de lo que es en realidad: apenas cuenta con un siglo de existencia. Su feliz coincidencia con los sucesivos furores costumbristas y regionalistas acabaron de definirla y perfilarla.

Celebración gozosa del reinado definitivo de la primavera; del gusto por la conversación laberíntica que a nada conduce, fuera del placer de perderse en sus curvas retóricas; de la tensión de deseo que tan bien expresa el baile por sevillanas; del placer del buen vino bien bebido; en todo artificial y efímera, surge como un campamento de gozosos sitiadores, que al cabo de una semana se retiran devolviendo el enorme campo de la Feria a su nada.

La Feria es un espectáculo único por su absoluta irrealidad escenográ-

Ritual de baile y exhibición en el Real.
Página siguiente, *preparando la fiesta.*

Detalles de un coche de caballos.

fica. Sobre un descampado se alza una ciudad racional de lona, diseñada en grandes cuadrículas que conforman manzanas geométricas y calles que se cortan en ángulo recto. Las casetas se definen interiormente como simulacros de casas con "salón de recibir", que da al exterior y que muchas veces se decora como los tales de principios de siglo (cornucopias doradas, visillos de encaje, cuadros), y una zona interior reservada no visible desde la calle. Ésta es una reconstrucción –hermosa cuanto absurda– de un ambiente rural, con aceras de albero y calzadas adoquinadas sobre las que circulan –saliendo de la nada y volviendo a ella– anacrónicos caballistas y carruajes sin otro destino que el de exhibirse. En este decorado, más de medio millón de figurantes llegan a reunirse para poner en escena todas las mentiras y todas las verdades de Sevilla, juntas y revueltas, sin que se sepa dónde acaban unas y dónde empiezan otras, dándose cumplimiento a la famosa reflexión de Ortega y Gasset sobre el ser andaluz y sevillano: "Es de advertir que el andaluz, a diferencia del castellano y del vasco, se complace en darse en espectáculo a los extraños, hasta el punto de que en una ciudad tan importante como Sevilla, tiene el viajero la sospecha de que los vecinos han aceptado el papel de comparsas y colaboran en la representación de un magnífico ballet, anunciado en los carteles con el título de Sevilla".

Si bien es en estas grandes celebraciones en las que, de forma más espectacular y absoluta, puede obser-

Belleza en los viejos transportes.

Hotel Alfonso XIII: palacio regionalista.

Oficios de la Casa de Pilatos.

Cuadros de la ciudad.
Deseo de permanencia.

varse la pasión por la representación –como manera de concretar lo abstracto y de hacer aprehensible la multiforme, incognoscible e inabarcable realidad–, no se limita ésta a sus desarrollos temporales. La ceremonia suprema es la ciudad misma, con todas sus fiestas –grandes y pequeñas, públicas y privadas, de gozo o de dolor– integradas en el tejido apretado de sus calles y de sus días. Ciudad indolente e irracional, caprichosa e imprevisible, agota la totalidad de su existencia en un día y a la vez es capaz de convertir un día en una existencia entera. Por ello no puede entenderse si no se la vive entera, de Feria a Feria, de Semana Santa a Semana Santa: todo lo que en las fiestas se exprese a lo grande no es sino lo que a lo largo del año se vive, y esto lo sabe bien el propio sevillano que, alejado de la ciudad, a ella vuelve con ocasión de las fiestas: ha perdido claves, nota una distancia, le es difícil coger el compás de una música que no ha dejado de sonar a lo largo de todo el año. La vida no se acaba cada vez que entra un último paso, que se desmonta una última caseta, que se mata un último toro. Sigue, y lo hace con las mismas claves participativas, porque éstas remiten a la realidad única de la ciudad. El acento vital de barrios significados por su personalidad casi autónoma como Triana (que es aún más, casi *otra* Sevilla), San Bernardo, La Macarena, el Tiro Línea, el Tardón o San Lorenzo; el peso de los antiguos comercios –Lorenzo Blanco o Pascual Lázaro para los libros, Damas para la música, Marciano para los ultramarinos, Ochoa

91

Tópico de pasiones.

y La Campana para los dulces, Peyré para los tejidos, El Rinconcillo y La Alicantina para el tapeo, el Laredo para la tertulia de café, Morales para los vinos– que han escrito las páginas diarias de la vida de la ciudad; el sentido y la ordenación de las horas; todas son realidades tan importantes como la más excelsa manifestación comunitaria, porque ésta lleva en sí recogidas esas claves menudas de vida vivida. Y las expresa.

Como todas las ciudades fuertemente personales, Sevilla se define más como una forma de vida que como un espacio, y es la primera la que ha ido conformando lo segundo, adaptándolo a sus necesidades físicas y metafísicas. Hasta hacer que lo uno y lo otro se fundan en una sola cosa: la experiencia de la ciudad viva, que es suma de lo importante y lo anecdótico, de lo intemporal y lo perecedero, de la fiesta y la rutina, del presente como ligazón que une los vivos con los muertos, y a éstos con los que aún no han nacido, destruyendo –por fin– la obra del tiempo en su raíz. Hay algo que trasciende, algo que sobrevive, un testigo que se pasa, una herencia que dejar. Y este algo es más, mucho más que unos datos históricos, unos monumentos, un sitio físico; es una determinada forma de sufrir y de gozar, de pasar por el mundo y por la vida, de abrirse a la experiencia del ser –no solo, no desligado, no sin asimiento–, sustentado por un suelo real en el que se hunde una raíz de pasión. Eso que trasciende, eso que sobrevive, ese testigo, esa herencia, esa forma de estar en el mundo es Sevilla.

Curro, *mascota de la Expo 92.*
Imagen típica
en la plaza de España.

*El mundo cerrado
de los palacios sevillanos.
El jardín de las Dueñas.*